# Kaizen für Dienstleister: Die 5-Schritte-Methode zur kontinuierlichen Verbesserung

## Ein praxisnaher Leitfaden zur kontinuierlichen Prozessoptimierung im Dienstleistungsbereich

# Frank Höchsmann

# Kaizen für Dienstleister: Die 5-Schritte-Methode zur kontinuierlichen Verbesserung

Bibliografische Informationen der Deutschen Nationalbibliothek:
Die Deutsche Nationalbibliothek verzeichnet diese Publikation in der Deutschen Nationalbibliographie, detaillierte bibliografische Daten sind im Internet über http: //dnb.dnb.de abrufbar.
© 2024 Frank Höchsmann

Verlag: BoD · Books on Demand GmbH,
In de Tarpen 42, 22848 Norderstedt
Druck: Libri Plureos GmbH, Friedensallee 273,
22763 Hamburg

ISBN: 978-3-7693-1015-3

Revision:
Heinrich Höchsmann, Hermannstadt-Sibiu

Titel Foto: Kaizen-5-Schritte-Methode
Autoren Foto: Frank Höchsmann
Katzenkopf Zeichnung: Berlin Plaza Hotel

# Zusammenfassung

Kaizen steht für kontinuierliche Verbesserung und ist besonders in Dienstleistungsunternehmen von großer Bedeutung, um Prozesse effizienter zu gestalten und die Qualität der Dienstleistungen stetig zu steigern. Diese Dokumentation bietet einen umfassenden Überblick über die Anwendung der Kaizen-Methode in Dienstleistungsbetrieben, mit einem Fokus auf die fünf zentralen Etappen: Simplifizieren, Analysieren, Implementieren, Auditieren und Optimieren.

- Simplifizieren: In der ersten Etappe geht es darum, Arbeitsprozesse zu vereinfachen und unnötige Komplexität zu beseitigen. Dies schafft eine solide Basis für weitere Verbesserungen.
- Analysieren: Anschließend werden die bestehenden Prozesse, Verfahren und Abläufe detailliert analysiert, um Schwachstellen zu identifizieren und Ansatzpunkte für Optimierungen zu finden.
- Implementieren: Die dritte Etappe umfasst die Planung und Umsetzung der identifizierten Verbesserungsmaßnahmen.

- Dabei werden Risiken bewertet, eine Testphase durchgeführt und der Rollout vorbereitet.
- Auditieren: Nachdem die Maßnahmen implementiert wurden, erfolgt eine Auditierung, um die Wirksamkeit der Änderungen zu überprüfen und sicherzustellen, dass sie den gewünschten Effekt erzielen.
- Optimieren: In der abschließenden Optimierungs-phase werden die gesammelten Vorschläge von Mitarbeitern, Führungskräften und Kunden bewertet, angepasst und umgesetzt. Dies stellt sicher, dass die Verbesserungen kontinuierlich verfeinert und auf die aktuellen Bedürfnisse des Betriebs abgestimmt werden.

Durch die systematische Anwendung dieser Etappen wird sichergestellt, dass Dienstleistungsbetriebe nicht nur ihre Effizienz steigern, sondern auch die Qualität und Kundenzufriedenheit kontinuierlich verbessern.

# Inhalt

**Hinweis:**
- Nachstehende Informationen dienen zur unverbindlichen Kenntnisnahme.
- Es handelt sich um eine Darstellung der fachlichen Grundlagen und Erfahrungen des Autors, die jedoch keinen Anspruch auf Vollständigkeit erhebt.
- Eine Haftung für die inhaltliche Richtigkeit wird nicht übernommen.
- Aus Vereinfachungsgründen und wegen besserer Lesbarkeit wird oft die männliche Form benutzt.
- Wir bekennen uns zum Art. 3 des Grundgesetzes: Gleichheit aller Menschen.

# Einleitung

## Was ist die Kaizen Methode?

Die Kaizen-Methode ist ein japanisches Konzept zur kontinuierlichen Verbesserung, das sowohl im beruflichen als auch im persönlichen Leben angewendet werden kann. Der Begriff „Kaizen" setzt sich aus den japanischen Wörtern „Kai" (Veränderung) und „Zen" (zum Besseren) zusammen, und bedeutet somit „Veränderung zum Besseren" oder „stetige Verbesserung".
Im Deutschen wurde das Konzept unter dem Begriff **_Kontinuierlicher Verbesserungsprozess_** **(KVP)** übernommen.
In vielen Unternehmen ist die Kaizen-Methode so zu einem wesentlichen Bestandteil des Innovations-
und **Qualitätsmanagements** geworden.

## Grundprinzipien der Kaizen-Methode

1. Kontinuierliche Verbesserung: Kaizen betont die Bedeutung kleiner, schrittweiser Verbesserungen, die über die Zeit hinweg zu signifikanten Ergebnissen führen. Es geht darum, ständig nach Möglichkeiten zu suchen, um Prozesse effizienter, produktiver und effektiver zu gestalten.

2. Einbeziehung aller Mitarbeiter: Kaizen basiert auf der Idee, dass jeder im Unternehmen, unabhängig von seiner Position, wertvolle Beiträge zur Verbesserung leisten kann. Die Methode fördert eine Kultur der Zusammenarbeit und des gegenseitigen Respekts.

3. Vermeidung von Verschwendung (Muda): Ein zentraler Aspekt von Kaizen ist die Identifizierung und Eliminierung von Verschwendung in Prozessen. Dies umfasst alles, was keine Wertschöpfung für den Kunden bringt, wie überflüssige Bewegungen, Wartezeiten, Überproduktion, Fehler und unnötige Transporte.

4. Standards setzen und verbessern: Durch die Festlegung von Standards und deren kontinuierliche Verbesserung wird eine stabile Basis für weitere Optimierungen geschaffen.

5. Problemorientiertes Denken: Probleme werden als Chancen für Verbesserungen gesehen. Anstatt sie zu ignorieren oder zu vertuschen, werden sie aktiv angegangen und gelöst.

## Anwendung von Kaizen

### Im Unternehmen

In vielen Unternehmen wird Kaizen in Form von "Kaizen-Events" oder Workshops umgesetzt, bei denen Teams Prozesse analysieren, Verbesserungspotentiale identifizieren und konkrete Maßnahmen zur Umsetzung erarbeiten. Diese Methode ist besonders in der Produktion, aber auch in der Verwaltung und im Dienstleistungs-sektor weit verbreitet.

### Im Alltag

Auch im persönlichen Leben kann die Kaizen-Methode angewendet werden, indem man kleine, aber konsistente Veränderungen im Alltag vornimmt, um Gewohnheiten zu verbessern, Ziele zu erreichen oder die Lebensqualität zu steigern.

## Nachhaltige (langfristige) Verbesserungen

Kaizen ist nicht auf kurzfristige Erfolge ausgerichtet, sondern auf nachhaltige Verbesserungen, die im Laufe der Zeit große positive Veränderungen bewirken können. Es fördert eine Kultur des Lernens und der stetigen Weiterentwicklung, die sowohl in professionellen Umgebungen als auch im persönlichen Bereich von großem Nutzen sein kann.

# Vorteile der Kaizen Methode

Die Kaizen-Methode bietet eine Vielzahl von Vorteilen, insbesondere in Unternehmen, aber auch im persönlichen Bereich. Hier sind die wichtigsten Vorteile:

## 1. Kontinuierliche Verbesserung

Kaizen fördert eine Kultur der ständigen Optimierung. Anstatt auf große, disruptive Veränderungen zu warten, werden kontinuierlich kleine, schrittweise Verbesserungen umgesetzt, die im Laufe der Zeit zu erheblichen Fortschritten führen.

## 2. Mitarbeiterengagement und Beteiligung

Da Kaizen alle Mitarbeiter in den Verbesserungsprozess einbezieht, fördert es eine starke Beteiligung und das Gefühl der Eigenverantwortung. Mitarbeiter fühlen sich gehört und geschätzt, was ihre Motivation und Arbeitszufriedenheit steigern können.

## 3. Erhöhte Effizienz

Durch die systematische Identifizierung und Beseitigung von Verschwendung (Muda) werden Prozesse effizienter gestaltet. Dies kann zu Kostensenkungen, höherer Produktivität und einer besseren Ressourcennutzung führen.

## 4. Qualitätsverbesserung

Kaizen trägt dazu bei, die Qualität von Produkten und Dienstleistungen kontinuierlich zu verbessern, da es darauf abzielt, Fehlerquellen zu minimieren und Standards zu optimieren.

## 5. Problemlösungskompetenz

Kaizen schult die Mitarbeiter im Erkennen und Lösen von Problemen. Anstatt Schwierigkeiten zu ignorieren, werden sie als Chancen zur Verbesserung genutzt.

## 6. Flexibilität und Anpassungsfähigkeit:

Da die Methode auf kleinen, fortlaufenden Veränderungen basiert, macht sie Organisationen flexibler und besser in der Lage, auf Marktveränderungen oder Kunden- anforderungen zu reagieren.

## 7. Langfristige Nachhaltigkeit:

Durch die kontinuierliche Anpassung und Optimierung kann Kaizen zu langfristiger Nachhaltigkeit und Wettbewerbsfähigkeit beitragen, da Unternehmen sich ständig verbessern und auf einem hohen Niveau arbeiten.

## 8. Kosteneinsparungen

Die Reduzierung von Verschwendung und die Optimierung von Prozessen führen häufig zu erheblichen Kosteneinsparungen, ohne dass dabei die Qualität oder der Kundenservice beeinträchtigt werden.

## 9. Bessere Kommunikation und Zusammenarbeit

Kaizen fördert die teamübergreifende Zusammenarbeit und den Austausch von Ideen. Durch die Einbeziehung aller Mitarbeiter wird die interne Kommunikation verbessert und Silodenken abgebaut.

## 10. Kundenzufriedenheit

Durch die kontinuierliche Verbesserung von Produkten und Dienstleistungen steigt die Zufriedenheit der Kunden, was zu höherer Kundenbindung und besseren Geschäftsergebnissen führt.

Insgesamt ist die Kaizen-Methode eine wertvolle Strategie zur Verbesserung der betrieblichen Effizienz und zur Förderung einer positiven Unternehmenskultur. Sie kann langfristig erhebliche Vorteile für Unternehmen und Einzelpersonen bringen.

# Unsere Kaizen Methode für Dienstleistungsbetriebe

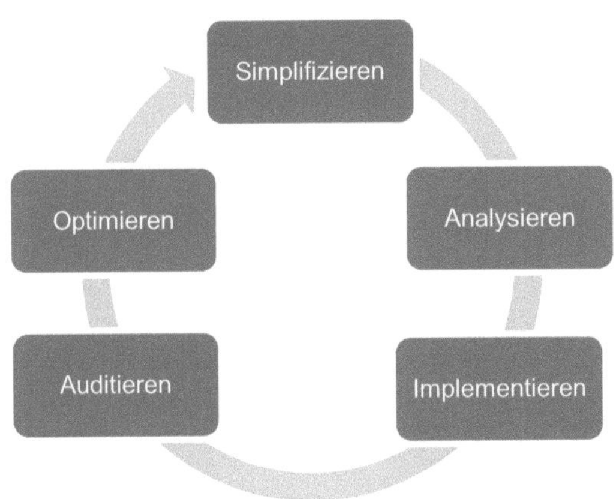


Unsere **Kaizen Methode für Dienstleister** besteht aus einem strukturierten Fünf-Etappen-Prozess, der darauf abzielt, kontinuierliche Verbesserungen zu erzielen. Die Methode beginnt mit dem **Simplifizieren**, bei dem Prozesse und Abläufe vereinfacht werden, um Effizienz zu steigern. Im nächsten Schritt folgt **Analysieren**, um Herausforderungen und

Potenziale klar zu erkennen. Darauf folgt die **Implementierung** konkreter Maßnahmen zu Prozessverbesserungen. Anschließend wird durch **Audits** sichergestellt, dass die Änderungen nachhaltig und effektiv sind. Schließlich steht das **Optimieren** im Fokus, bei dem kontinuierlich nach weiteren Verbesserungsmöglichkeiten gesucht wird. Dieser systematische Ansatz ermöglicht es Dienstleistern, ihre Arbeitsabläufe effizienter, qualitativ hochwertiger und kundenorientierter zu gestalten.

# I. Erste Etappe: Simplifizieren

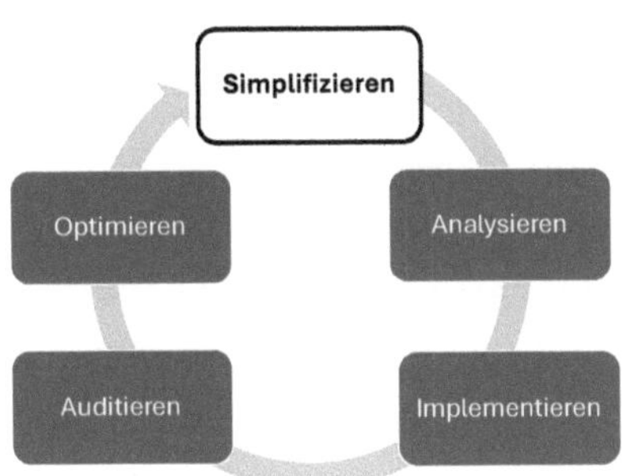


Simplifizieren: Aufräumen und Ordnung schaffen

Der erste Schritt in unserer Kaizen Methode, das Simplifizieren, ist entscheidend, um eine effiziente und produktive Arbeitsumgebung zu schaffen. Dieser Schritt konzentriert sich darauf, unnötige Komplexität zu reduzieren und eine klare, geordnete Struktur zu etablieren. Dies geschieht durch folgende Maßnahmen:

1. Arbeitsplatz: Jeder Arbeitsplatz wird gründlich aufgeräumt und organisiert. Unnötige Gegenstände werden entfernt, Werkzeuge und Materialien werden so angeordnet, dass sie leicht zugänglich sind. Ziel ist es, einen ordentlichen und funktionalen Arbeitsbereich zu schaffen, der die Produktivität fördert und Ablenkungen minimiert.

2. Büro/Arbeitsstätte: Auch das gesamte Büro oder die Arbeitsstätte wird unter die Lupe genommen. Überflüssige Möbel, alte Dokumente und unnötiger Ballast werden beseitigt. Jeder Raum wird so organisiert, dass Arbeitsabläufe reibungslos und ohne Unterbrechungen stattfinden können.

3. Umgebung: Die allgemeine Umgebung, in der gearbeitet wird, wird ebenfalls optimiert. Es wird darauf geachtet, dass auch hier Ordnung herrscht und alles seinen festen Platz hat. Eine saubere und gut strukturierte Umgebung trägt dazu bei, Stress zu reduzieren und die Effizienz zu erhöhen.

4. Stammplatz: Jeder Gegenstand, jedes Werkzeug und jede Ressource erhalten einen festen Platz, den sogenannten Stammplatz. Dies erleichtert es, Dinge schnell zu finden und

zurückzulegen, wodurch Zeit gespart und Verwirrung vermieden wird.

5. Regeln: Abschließend werden klare Regeln und Standards für Ordnung und Sauberkeit festgelegt. Diese Regeln stellen sicher, dass die aufgeräumte und organisierte Umgebung dauerhaft erhalten bleibt und nicht wieder im Chaos versinkt. Regelmäßige Überprüfungen und Anpassungen dieser Standards helfen, kontinuierlich Ordnung und Effizienz zu gewährleisten.

Insgesamt sorgt das Simplifizieren dafür, dass die Arbeitsumgebung übersichtlich, funktional und frei von überflüssigem Ballast ist. Dies legt die Grundlage für alle weiteren Schritte der Kaizen-Methode und schafft die Voraussetzungen für eine kontinuierliche Verbesserung der Arbeitsprozesse.

Beispiel eines Simplifizierungsformulars:

| Schritte | Beschreibung | Beginn/ Ende |
|---|---|---|
| 1. Arbeits-platz | Zuallererst den Schreibtisch aufräumen nach dem 4-W-Prinziep:<br><br>• Wegschmeißen/Entsorgen; Alle unnötigen Sachen und Papiere vom Schreibtisch entsorgen.<br><br>• Weiterleiten/Delegieren; Schreiben und Dokumente, die wir nicht selber erledigen müssen, weitergeben.<br><br>• Wichtig/Terminieren; Schreiben und Dokumente die wichtig sind terminieren und selber erledigen.<br><br>• Wunder/Erledigen; Schreiben und Dokumente, die schnell selber zu erledigen sind, sofort erledigen. | Beginn KW: 32<br><br>Ende KW:32 |

| | | |
|---|---|---|
| 2. Büro | Es folgt Ordnung machen im Büro. Einzeldokumente in Hängeordner legen oder direkt in den entsprechenden Ordnern ab-heften. Büroutensilien systematisch und leicht auffindbar platzieren. Unnütze Gegenstände, wie Kisten, Taschen, Kartons, Leergut, Reservestühle, Kissen, Vasen, Bilder, etc. anderswo verstauen oder noch besser, gleich entsorgen. | Beginn KW: 33<br><br>Ende KW:33 |
| 3. Um-gebung | Auch die Umgebung muss entrümpelt werden; die Zufahrt zur Garage oder Stellplatz, die Garage selber, die Gänge zum Büro, die Lobby oder die Räumlichkeiten, an denen man vorbeigeht, wenn man ins Büro will. Wichtig zu wissen ist, dass auch die Unordnung in unserer Umgebung auf das | Beginn KW: 34<br><br>Ende KW:34 |

| | | |
|---|---|---|
| | Unterbewusstsein drückt und uns depressiv machen kann. Darum sollten wir auch in unserer Umgebung rigoros aufräumen bzw. unnötige Sachen entsorgen. | |
| 4. Stamm-platz | Das Ordnungsprinzip ist erfolgsversprechend, denn es besagt, dass jedes Ding seinen festen Platz hat: Brillen, Schlüssel, Telefon, Ladegerät, Geldbörse, Monatsticket, Stift, etc. | Beginn KW: 35<br><br>Ende KW:35 |
| 5. Regeln | Stellen Sie Regeln auf; z.B. Qualitätsstandards, Verantwortungsmatrix, Prozess- und Verfahrens-beschreibungen, Arbeits- und Prozessabläufe, etc. | Beginn KW: 36<br><br>Ende KW:36 |

# II. Zweite Etappe: Analysieren

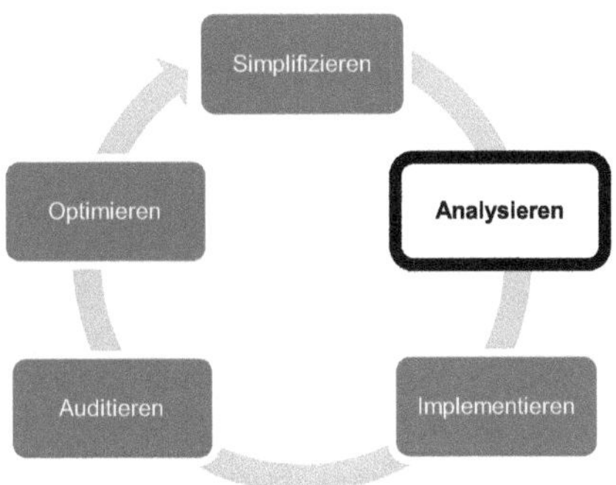


## Was analysieren wir bei Kaizen?

Bei Kaizen, dem Konzept zur kontinuierlichen Verbesserung, analysieren wir Verfahren, Prozesse, Arbeitsabläufe und Arbeitsanweisungen. Hier sind Definitionen und einige Beispiele:

Verfahren:

Ein Verfahren ist eine festgelegte Methode oder Reihe von Schritten, die durchgeführt werden, um eine bestimmte Aufgabe oder Aktivität zu erledigen. Verfahren sind oft dokumentiert und standardisiert. Sie legen fest, wie bestimmte Prozesse ausgeführt werden sollen, und definieren Verantwortlichkeiten, Richtlinien und Standards, die beachtet werden müssen.

Beispiel: Ein Notfallverfahren in einem Hotel beschreibt detailliert, wie bei einem Feueralarm zu verfahren ist, welche Schritte das Personal unternehmen muss, und wie die Gäste evakuiert werden sollen.

Prozesse:

Ein Prozess ist eine übergeordnete Abfolge von Aktivitäten oder Schritten, die darauf abzielt, ein bestimmtes Ergebnis zu erzielen. Prozesse sind oft bereichsübergreifend und umfassen mehrere Aufgaben, die zusammen ein Gesamtergebnis liefern. Sie sind in der Regel auf Unternehmensziele ausgerichtet und können durch Verfahren und Arbeitsabläufe unterstützt werden.
Beispiel: Der Check-In/Check-Out-Prozess in einem Hotel umfasst alle Schritte, die notwendig sind, um Gäste ein- und auszuchecken, von der Ankunft bis zur Abreise.

Arbeitsabläufe:

Ein Arbeitsablauf ist eine detaillierte Beschreibung der einzelnen Schritte oder Aktivitäten, die von einer Person oder einem Team in einem bestimmten Bereich durchgeführt werden, um eine spezifische Aufgabe zu erfüllen. Arbeitsabläufe sind enger gefasst als Prozesse und konzentrieren sich auf die genaue Ausführung der Aufgaben.

Beispiel: Der Arbeitsablauf für die Zimmerreinigung beschreibt genau, wie eine Reinigungskraft ein Zimmer säubern soll, von der Entfernung des Mülls über das Wechseln der Bettwäsche bis hin zum Staubsaugen.

Arbeitsanweisungen:

Eine Arbeitsanweisung ist eine konkrete, schriftliche Anweisung, die einem Mitarbeiter erklärt, wie eine spezifische Aufgabe oder Tätigkeit auszuführen ist. Arbeitsanweisungen sind oft sehr detailliert und können Schritt-für-Schritt-Anleitungen enthalten. Sie werden verwendet, um sicherzustellen, dass Aufgaben korrekt und einheitlich durchgeführt werden.
Beispiel: Eine Arbeitsanweisung zur Bedienung der Kaffeemaschine beschreibt detailliert, wie die Maschine einzuschalten, zu bedienen und nach Gebrauch zu reinigen ist.

Zusammengefasst:

- Verfahren sind allgemeine Richtlinien oder Methoden.
- Prozesse umfassen eine Reihe von Aktivitäten, die ein bestimmtes Ziel verfolgen.
- Arbeitsabläufe beschreiben detaillierte Schritte innerhalb eines Prozesses.
- Arbeitsanweisungen sind spezifische Anleitungen zur Durchführung von Aufgaben.

# Kaizen Analysemethoden

Für die Umsetzung von Kaizen, das auf kontinuierliche Verbesserung abzielt, gibt es verschiedene Analysemethoden und Techniken, die dabei helfen, Probleme zu identifizieren, Ursachen zu analysieren und Lösungen zu implementieren. Hier sind einige gängige Methoden und Techniken:

## PDCA-Zyklus (Plan-Do-Check-Act)

Der PDCA-Zyklus ist ein grundlegendes Werkzeug im Kaizen-Ansatz:

- Plan: Identifizieren Sie ein Problem oder eine Verbesserung, planen Sie Maßnahmen und setzen Sie Ziele.
- Do: Implementieren Sie die geplanten Maßnahmen im kleinen Maßstab.
- Check: Überprüfen und analysieren Sie die Ergebnisse, um zu sehen, ob die Maßnahmen erfolgreich waren.
- Act: Standardisieren Sie erfolgreiche Maßnahmen oder nehmen Sie Anpassungen vor und starten Sie den Zyklus erneut.

## 5-Why-Analyse

Diese Technik wird verwendet, um die „Wurzelursache" eines Problems zu identifizieren. Indem man „Warum?" fünfmal oder mehr hinterfragt, kann man tieferliegende Ursachen entdecken.

Beispiel: Ein Produktionsfehler tritt auf. Warum? Weil eine Maschine fehlerhaft ist. Warum ist die Maschine fehlerhaft? Weil die Wartung nicht regelmäßig durchgeführt wurde. Warum? Und so weiter, bis die Wurzelursache identifiziert ist.

## Ishikawa-Diagramm (Fischgräten-Diagramm)

Das Ishikawa-Diagramm hilft dabei, verschiedene potenzielle Ursachen eines Problems systematisch zu erfassen. Es kategorisiert Ursachen in Gruppen wie Mensch, Maschine, Material, Methode, Messung und Umwelt, um die Analyse zu strukturieren.

Beispiel: Wenn in einem Hotel Gäste über langen Check-In-Prozess klagen, könnten mögliche Ursachen in den Kategorien Mensch (fehlendes Training), Methode (ineffiziente Prozeduren) oder Maschine (langsames Computersystem) gesucht werden.

## 5-S-Methode

Eine Methode zur Arbeitsplatzorganisation, die darauf abzielt, die Effizienz zu verbessern und Verschwendung zu minimieren:

- Sortieren (Seiri): Unnötige Gegenstände entfernen.
- Systematisieren (Seiton): Alles hat seinen Platz.
- Säubern (Seiso): Sauberkeit sicherstellen.
- Standardisieren (Seiketsu): Standards einführen.
- Selbstdisziplin (Shitsuke): Gewohnheiten und Disziplin fördern.

## Gemba Walk

Ein Gemba Walk bedeutet, dass Führungskräfte oder Manager den tatsächlichen Ort des Geschehens (Gemba) besuchen, um Arbeitsabläufe und Prozesse direkt zu beobachten und zu verstehen. Dies hilft dabei, Probleme vor Ort zu erkennen und Mitarbeiter in den Verbesserungsprozess einzubeziehen.

## SWOT-Analyse

Die SWOT-Analyse ist ein strategisches Planungswerkzeug, das zur Bewertung der Stärken (Strengths), Schwächen (Weaknesses), Chancen (Opportunities) und Risiken (Threats) eines Unternehmens, Projekts oder einer Situation verwendet wird.

Die SWOT-Analyse hilft dabei, strategische Entscheidungen zu treffen, indem sie einen umfassenden Überblick über die aktuelle Situation und mögliche Entwicklungen bietet.

## USP-Analyse

Die USP-Methode (Unique Selling Proposition) bezieht sich auf das Konzept der einzigartigen Verkaufsposition eines Produkts oder einer Dienstleistung. Es bezeichnet das herausragende Alleinstellungsmerkmal, das ein Produkt oder eine Marke von der Konkurrenz abhebt und für die Zielgruppe besonders attraktiv macht. Eine USP beantwortet die Frage, warum Kunden sich für ein bestimmtes Angebot entscheiden sollten, und kann auf Eigenschaften wie Qualität, Preis, Design oder besonderen Kundennutzen basieren.

Diese Analysemethoden und Techniken unterstützen den Kaizen-Ansatz dabei, kontinuierliche Verbesserungen in Arbeitsabläufen und Prozessen zu erzielen. Sie fördern eine systematische und ganzheitliche Betrachtung von Problemen und helfen dabei, nachhaltige Lösungen zu entwickeln.

# III. Dritte Etappe: Implementieren

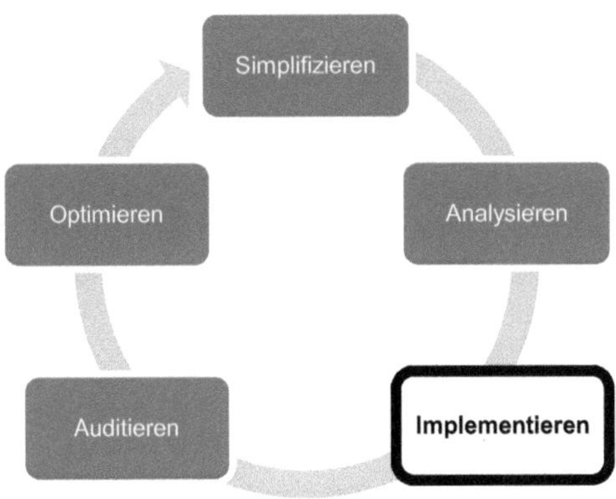



Die Implementierung neuer Prozesse oder Systeme in Dienstleistungs-Unternehmen ist eine komplexe Aufgabe, die sorgfältige Planung und Ausführung erfordert. Hier ist eine detaillierte Beschreibung der Schritte und Überlegungen, die in einem Implementierungsprozess berücksichtigt werden sollten:

# 1. Vorbereitungsphase

## Zielsetzung und Planung

- Ziele definieren: Klare, messbare Ziele setzen, die mit der Unternehmensstrategie übereinstimmen. Diese könnten Effizienz-steigerungen, Kostensenkungen, Qualitäts-verbesserungen oder die Erhöhung der Kundenzufriedenheit umfassen.
- Projektplanung: Erstellen Sie einen detail-lierten Implementierungsplan, der Zeitrahmen, Verantwortlichkeiten, Ressourcen und Meilensteine umfasst.

## Smart-Methode

Ziele sollten nach der SMART Methode geplant sein. Die **SMART-Methode** ist ein Werkzeug zur Zielsetzung, das sicherstellt, dass Ziele klar und erreichbar sind. SMART steht für:

- **Spezifisch**: Das Ziel sollte klar und genau definiert sein.

- **Messbar**: Es sollte messbare Kriterien geben, um den Fortschritt und die Erreichung des Ziels zu bewerten.

- **Erreichbar (Attainable)**: Das Ziel sollte realistisch und erreichbar sein, unter Berücksichtigung der vorhandenen Ressourcen.

- **Relevant**: Das Ziel sollte für das Unternehmen oder die Person von Bedeutung sein und im Einklang mit anderen Zielen stehen.

- **Zeitgebunden (Time)**: Es sollte eine klare Frist oder ein Zeitrahmen für die Zielerreichung festgelegt werden.

## 2. Entwicklung

Prozessgestaltung

- Prozessmodellierung: Entwerfen Sie die neuen Prozesse. Dies kann die Erstellung von Flussdiagrammen, Prozesskarten oder GPM – Geschäfts-Prozess-Management beinhalten.
- Standardisierung: Entwickeln Sie standardisierte Verfahren, um die Konsistenz und Qualität der Dienstleistung zu gewährleisten.

Risikobewertung

Risikoanalyse: Identifizieren Sie potenzielle Risiken und Herausforderungen, die während der Implementierung auftreten könnten, und entwickeln Sie Pläne zur Risikominderung.

# 3. Implementierungsphase

## Testphase

- Pilotprojekte: Führen Sie eine Testphase in einem kleinen Teilbereich des Unternehmens durch, um die neuen Prozesse zu testen und zu validieren.

- Fehlerbehebung: Analysieren und beheben Sie auftretende Probleme oder Unstimmigkeiten während der Testphase.

## Rollout

- Schulung: Schulen Sie das Personal umfassend auf die neuen Prozesse, Systeme und Tools. Nutzen Sie Workshops, Schulungsmaterialien und E-Learning-Module.

- Kommunikation: Informieren Sie alle relevanten Stakeholder über die Änderungen, den Zeitplan und die erwarteten Auswirkungen. Ein klares Kommunikationsplan hilft, Missverständnisse und Widerstände zu minimieren.

# 4. Überwachungs- und Anpassungsphase

## Monitoring und Feedback

- Überwachung: Setzen Sie Mechanismen zur Überwachung der neuen Prozesse ein, um sicherzustellen, dass sie wie geplant funktionieren. Dazu gehören KPI (Key Performance Indicators) und regelmäßige Berichte.

- Feedback sammeln: Holen Sie Feedback von Mitarbeitern und Kunden ein, um die Effektivität der neuen Prozesse zu bewerten.

## Anpassung und Verbesserung

- Anpassungen vornehme: Passen Sie die Prozesse bei Bedarf an, um Effizienz und Effektivität zu maximieren.

- Kontinuierliche Verbesserung: Fördern Sie eine Kultur der kontinuierlichen Verbesserung (Kaizen), um die Prozesse weiter zu optimieren.

# 5. Evaluierungs- und Abschlussphase

Evaluation der Implementierung

- Bewertung der Ergebnisse: Vergleichen Sie die erzielten Ergebnisse mit den ursprünglich gesetzten Zielen. Wurden die gewünschten Verbesserungen erreicht?

- Lernen aus dem Prozess: Dokumentieren Sie die Erkenntnisse aus der Implementierung für zukünftige Projekte.


Übergabe und Standardisierung

- Übergabe an den Betrieb: Stellen Sie sicher, dass die neuen Prozesse vollständig in den Regelbetrieb übergehen.

- Standardisierung: Integrieren Sie die neuen Prozesse und Verfahren in die Unternehmensrichtlinien und -standards.

Wichtige Überlegungen

- Change-Management: Berücksichtigen Sie, dass Veränderungen im Unternehmen oft auf Widerstand stoßen können. Ein effektives Change-Management ist entscheidend, um Akzeptanz und Engagement bei den Mitarbeitern zu fördern.
- Ressourcen: Sicherstellen, dass ausreichende Ressourcen (Personal, Budget, Zeit) für die Implementierung vorhanden sind.
- Technologische Unterstützung: Bei der Einführung neuer IT-Systeme muss die Kompatibilität mit bestehenden Systemen gewährleistet und die notwendige Infrastruktur bereitgestellt werden.

Konsequenzen der Implementierung

- Verbesserte Effizienz und Qualität: Erfolgreich implementierte Prozesse führen zu gesteigerter Effizienz, besserer Servicequalität und höherer Kundenzufriedenheit.
- Veränderung der Unternehmenskultur: Neue Prozesse können die Arbeitsweise und die Kultur im Unternehmen nachhaltig verändern.
- Wirtschaftliche Auswirkungen: Je nach Art und Umfang der Implementierung können kurzfristige Kosten entstehen, langfristig aber Kosteneinsparungen und Gewinnsteigerungen erreicht werden.
- Mitarbeiterzufriedenheit und -motivation: Eine gut durchgeführte Implementierung kann die Arbeitszufriedenheit und Motivation der Mitarbeiter steigern, da sie klarere Strukturen und effizientere Arbeitsprozesse erleben.

# IV. Vierte Etappe: Auditieren

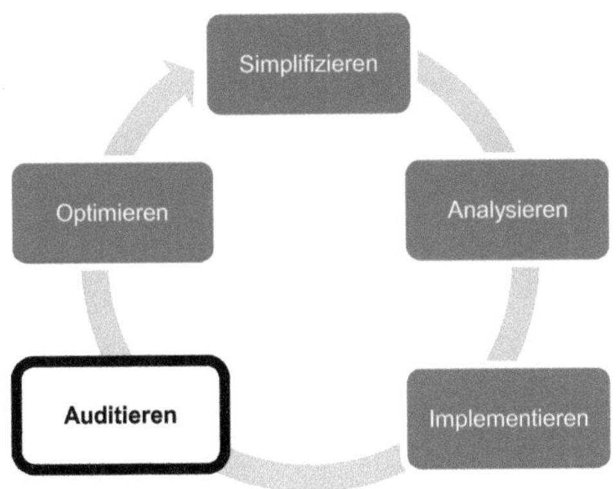


Die Auditierung von Kaizen-Prozessen ist ein wesentlicher Schritt zur Sicherstellung der kontinuierlichen Verbesserung innerhalb eines Unternehmens. Kaizen, ein japanischer Begriff, der „Veränderung zum Besseren" bedeutet, bezieht sich auf die ständige Optimierung von Prozessen, Produkten und Dienstleistungen. Die Auditierung dieser Prozesse hilft, sicherzustellen, dass die Kaizen-Prinzipien effektiv implementiert und aufrechterhalten werden.

## Schritte zur Auditierung von Kaizen-Prozessen

1. Planung des Audits:

- Auditziele definieren: Klären, was durch das Audit erreicht werden soll, z.B. Einhaltung von Kaizen-Prinzipien, Effizienz der durchgeführten Verbesserungen.
- Auditumfang festlegen: Festlegen, welche Abteilungen oder Prozesse geprüft werden sollen.
- Auditplan erstellen: Zeitrahmen und Verantwortlichkeiten festlegen.

2. Durchführung des Audits:

- Dokumentenprüfung: Überprüfung von Kaizen-Dokumentationen, einschließlich Aktionspläne, Verbesserungsberichte, Schulungsunterlagen usw.
- Interviews: Gespräche mit Mitarbeitern, die an Kaizen-Initiativen beteiligt sind, um ihre Kenntnisse und Erfahrungen zu verstehen.
- Beobachtung vor Ort: Besichtigung der Arbeitsbereiche, um zu sehen, wie Kaizen-Methoden in der Praxis umgesetzt werden.
- Bewertung von Kaizen-Projekten: Analyse abgeschlossener und laufender Kaizen-Projekte hinsichtlich ihrer Effektivität und Nachhaltigkeit.

3. Analyse der Ergebnisse:

- Bewertung der Kaizen-Prinzipien: Beurteilung, inwieweit Kaizen-Prinzipien wie kontinuierliche Verbesserung, Mitarbeiterbeteiligung und Prozessorientierung eingehalten werden.

- Identifizierung von Stärken und Schwächen: Analyse der Bereiche, die gut funktionieren, sowie derjenigen, die Verbesserungen benötigen.

- Risikobewertung: Bewertung potenzieller Risiken, die die Nachhaltigkeit der Kaizen-Initiativen gefährden könnten.

4. Berichterstattung:

- Auditbericht erstellen: Dokumentation der Ergebnisse, einschließlich positiver Aspekte und Verbesserungsvorschläge.

- Feedbackgespräch: Besprechung der Ergebnisse mit den verantwortlichen Personen, um eine gemeinsame Basis für weitere Maßnahmen zu schaffen.

## 5. Nachverfolgung:

- Umsetzung der Empfehlungen: Sicherstellen, dass die vorgeschlagenen Verbesserungsmaßnahmen durchgeführt werden.
- Fortlaufende Überwachung: Regelmäßige Überprüfungen, um sicherzu-stellen, dass die Verbesserungen nachhaltig sind.

# Methoden der Auditierung von Kaizen-Prozessen

Es gibt verschiedene Methoden, um Kaizen-Prozesse zu auditieren, abhängig von der Größe des Unternehmens, den spezifischen Zielen des Audits und den zur Verfügung stehenden Ressourcen. Einige dieser Methoden sind:

1. Interne Audits:

- Von internen Auditoren durchgeführt, die im Unternehmen arbeiten.
- Häufig, um interne Standards und Verbesserungsprozesse zu überprüfen.

2. Externes Audits:

- Von externen Beratern oder Zertifizierungsstellen durchgeführt.
- Objektivere Sichtweise und oft in Verbindung mit Zertifizierungsanforderungen.

3. Self-Assessment:

- Mitarbeiter führen eine Selbsteinschätzung ihrer Kaizen-Initiativen durch.
- Fördert Eigenverantwortung und Identifikation mit Verbesserungsprozessen.

4. Benchmarking:

- Vergleich der eigenen Kaizen-Praktiken mit denen anderer Unternehmen oder Branchenführer.
- Hilft, Best Practices zu identifizieren und Lücken zu schließen.

5. Gemba Walk:

- Ein „Gemba Walk" bedeutet, dass das Management direkt zu den Arbeitsplätzen geht, um die Kaizen-Umsetzung vor Ort zu beobachten.
- Hilft, Probleme in Echtzeit zu identifizieren und zu lösen.

Fazit

Die Auditierung von Kaizen-Prozessen ist ein systematischer und umfassender Ansatz, um sicherzustellen, dass kontinuierliche Verbesserungen effektiv und nachhaltig durchgeführt werden. Durch die Kombination verschiedener Methoden und einer strukturierten Vorgehensweise können Unternehmen sicherstellen, dass ihre Kaizen-Initiativen erfolgreich sind und langfristige Vorteile bringen.

# Audit-Beispiele: Nachhaltige Managementsysteme

## EU Ecolabel

- Das EU Ecolabel ist 1992 von der Europäischen Kommission ins Leben gerufen worden. Es war zunächst nur die Kennzeichnung von Produkten vorgesehen. Seit dem Jahr 2000 besteht auch die Möglichkeit, Dienstleistungen mit dem EU Ecolabel zu kennzeichnen.

- Die Vergabe erfolgt an Produkte und Dienstleistungen, die geringere Umwelt-Auswirkungen haben als Vergleichbare. Mit dem EU Ecolabel soll der Verbraucher die Möglichkeit haben, umweltfreundlichere und gesündere Produkte und Dienstleistungen identifizieren zu können.

## EMAS – das Europäische Umweltmanagementsystem

- EMAS-geprüfte Organisationen leisten einen wirksamen Beitrag zum Umweltschutz, sparen Kosten ein und zeigen gesellschaftliche Verantwortung.
- EMAS stellt sicher, dass alle Umweltaspekte vom Energie-verbrauch bis zu Abfall und Emissionen rechtssicher und transparent umgesetzt werden.
- EMAS erfüllt alle Anforderungen der DIN EN ISO 14001 ab und ist weltweit anwendbar.
- EMAS ist für alle Branchen und Betriebsgrößen.

## Normanforderungen DIN EN ISO 14001

(Kapitel 1-3 der Norm DIN EN ISO 14001 wird nicht überprüft, darum beginnt die Normanforderung mit Kapitel 4)

**4.  Kontext der Organisation**
4.1  Verstehen der Organisation und ihres Kontextes
4.2  Verstehen der Erfordernisse und Erwartungen interessierter Parteien
4.3  Festlegen des Anwendungsbereichs des Umweltmanagementsystems
4.4  Umweltmanagementsystem
**5.  Führung**
5.1  Führung und Verpflichtung
5.2  Umweltpolitik
5.3  Rollen, Verantwortlichkeiten und Befugnisse in der Organisation
**6.  Planung**
6.1  Maßnahmen zum Umgang mit Risiken und Chancen
6.1.1 Allgemeines
6.1.2 Umweltaspekte
6.1.3 Bindende Verpflichtungen
6.1.4 Planung von Maßnahmen
6.2  Umweltziele und Planung zu deren Erreichung
**7.  Unterstützung**
7.1  Ressourcen
7.2  Kompetenz
7.3  Bewusstsein
7.4  Kommunikation
7.4.1 Allgemeines

Quelle: Auszüge aus dem Regelwerk der Norm
DIN EN ISO 14.001

## Normanforderungen DIN EN ISO 9001

(Kapitel 1-3 der Norm DIN EN ISO 9001 wird nicht überprüft, darum beginnt die Normanforderung mit Kapitel 4)

### 4. Kontext der Organisation
4.1 Verstehen der Organisation und ihres Kontextes
4.2 Verstehen der Erfordernisse und Erwartungen interessierter Parteien
4.3 Festlegen des Anwendungsbereichs des QMS
4.4 QMS und seine Prozesse

### 5. Führung
5.1 Führung und Verpflichtung
5.1.1 Allgemeines
5.1.2 Kundenorientierung
5.2 Politik
5.2.1 Festlegung der Qualitätspolitik
5.2.2 Bekanntmachung der Qualitätspolitik
5.3 Rollen, Verantwortlichkeiten und Befugnisse in der Organisation

### 6. Planung
6.1 Maßnahmen zum Umgang mit Risiken und Chancen
6.2 Qualitätsziele und Planung zu deren Erreichung
6.3 Planung von Änderungen

# 7. Unterstützung



# 8. Betrieb

8.4     Steuerung von extern bereitgestellten Prozessen, Produkten und Dienstleistungen
8.4.1 Allgemeines
8.4.2 Art und Umfang der Steuerung
8.4.3 Informationen für externe Anbieter
8.5     Produktion und Dienstleistungserbringung
8.5.1 Steuerung der Produktion und der Dienstleistungserbringung
8.5.2 Kennzeichnung und Rückverfolgbarkeit
8.5.3 Eigentum der Kunden oder der externen Anbieter
8.5.4 Erhaltung
8.5.5 Tätigkeiten nach der Lieferung
8.5.6 Überwachung von Änderungen
8.6     Freigabe von Produkten und Dienstleistungen
8.7     Steuerung nichtkonformer Ergebnisse

## 9.     Bewertung der Leistung
9.1     Überwachung, Messung, Analyse und Bewertung
9.1.1 Allgemeines
9.1.2 Kundenzufriedenheit
9.1.3 Analyse und Bewertung
9.2     Internes Audit
9.3     Managementbewertung
9.3.1 Allgemeines
9.3.2 Eingaben für die Managementbewertung
9.3.3 Ergebnisse der Managementbewertung

## 10. Verbesserung

10.1 Allgemeines
10.2 Nichtkonformität und
Korrekturmaßnahmen
10.3 Fortlaufende Verbesserung

Quelle: Auszüge aus dem Regelwerk der Norm
DIN EN ISO 9.001

## ISO 2600 Gliederung Gesellschaftliche Verantwortung

1. Anwendungsbereich;

2. Begriffe und Definitionen;

3. Verständnis gesellschaftlicher Verantwortung;

4. Sieben Grundsätze gesellschaftlicher Verantwortung; Dazu zählen Rechenschaftspflicht, Transparenz, ethisches Verhalten, Achtung der Interessen der Stakeholder, Achtung der Rechtsstaatlichkeit, Achtung internationaler Verhaltensstandards u. Achtung der Menschenrechte.

5. Die Anerkennung der gesellschaftlichen Verantwortung sowie die Identifizierung und Einbindung der Interessengruppen;

6. Handlungsfelder für sieben Kernthemen: Organisationsführung, Menschenrechte, Arbeitspraktiken, die Umwelt (Ökologie), faire Betriebs- und Geschäftspraktiken, Konsumentenbelange, regionale

Einbindung und Entwicklung der Gemeinschaft.

7. Handlungsempfehlungen zur organisationsweiten Integration gesellschaftlicher Verantwortung.

Quelle: Auszüge aus der Norm  ISO 26.000

# Nachhaltige Zertifizierung TÜV-Saarland

| Bereich: | | Kategorie:<br>Pflicht/Kann<br>☒ | Bewertung:<br>A / B / C / D |
|---|---|---|---|
| **Ökonomische Verantwortung** | | | |
| Kontext der Organisation: | | | |
| Kontext der Organisation | 1.1 | ☒ | |
| Erwartungen von interessierten Parteien | 1.2 | ☒ | |
| Unternehmensphilosophie und Werte: | | | |
| Politik (Dokumentation) | 2.1 | ☒ | |
| Politik (Bekanntmachung) | 2.2 | ☒ | |
| Politik (Bezug Compliance) | 2.3 | ☒ | |
| Strategie und Ziele: | | | |
| Ziele / Meilensteine | 3.1 | ☒ | |
| Ziele / Meilensteine | 3.2 | ☐ | |
| Ressourcen: | | | |
| Systematische Integration | 4.1 | ☒ | |
| Bereitstellung der Ressourcen | 4.2 | ☒ | |
| Integration/ persönlicher Beitrag | 4.3 | ☐ | |
| Bewusstseinsbildung | 4.4 | ☐ | |
| Schulungsplanung | 4.5 | ☒ | |
| Bindende Verpflichtungen | | | |
| Compliance | 5.1 | ☒ | |
| Daten | 5.2 | ☐ | |
| Kontinuierliche Verbesserung | | | |
| Interne Audits | 6.1 | ☒ | |
| Leistungsbewertung | 6.2 | ☒ | |
| Managementbewertung | 6.3 | ☒ | |
| Produkte und Entwicklung | | | |
| Innovation | 7.1 | ☐ | |
| Qualität | 7.2 | ☒ | |
| Kommunikation | | | |
| Kommunikation | 8.1 | ☒ | |
| Mitarbeitervertretung | 8.2 | ☐ | |
| **Ökologische Verantwortung** | | | |

| Bereich: | | Kategorie: Pflicht/Kann ☒ | Bewertung: A / B / C / D |
|---|---|---|---|
| Klima und Umwelt | | | |
| Klima | 9.1 | ☒ | |
| Boden | 9.2 | ☒ | |
| Luft | 9.3 | ☒ | |
| Biodiversität | 9.4 | ☒ | |
| Ressourcenverbrauch | | | |
| Energie | 10.1 | ☒ | |
| Wasser | 10.2 | ☒ | |
| Verpackung | 10.3 | ☒ | |
| Abfall | 10.4 | ☒ | |
| **Soziale Verantwortung** | | | |
| Werbung und Lieferketten | | | |
| Ehrliche Werbung | 11.1 | ☒ | |
| Fairer Wettbewerb | 11.2 | ☒ | |
| Regionales Engagement | 12.1 | ☐ | |
| Beschaffung | 12.2 | ☒ | |
| Arbeitnehmer | | | |
| Faire Bezahlung | 13.1 | ☒ | |
| Gerechte Wertschöpfung | 13.2 | ☐ | |
| Arbeitssicherheit | 13.3 | ☒ | |
| Gesundheit | 13.4 | ☒ | |
| Demografie | 13.5 | ☐ | |

Quelle: TÜV Saarland

# Der Blaue Engel

- Der Blaue Engel ist das erste und älteste produktbezogene Umweltzeichen der Welt.

- Bereits 1978 wurden die ersten sechs Vergabegrundlagen von der „Jury Umweltzeichen" verabschiedet.

- Heute tragen mehr als 12.000 Produkte und Dienstleistungen von rund 1.500 Unternehmen unterschiedlicher Branchen den Blauen Engel.

## EU-Bio-Siegel

- Das Bio-Siegel existiert seit 2001 und kennzeichnet Produkte aus kontrolliert biologischem Anbau entsprechend der EG-Öko-Verordnung.

- Genutzt wird das Siegel von knapp 5.000 Unternehmen für mehr als 75.000 Produkte.

- Herausgeber ist das Bundesministerium für Ernährung und Landwirtschaft (BMEL). Die Kontrollen finden analog zur EG-Öko-Verordnung einmal jährlich statt.

## Fairtrade-Siegel

- Das Fairtrade-Siegel kennzeichnet Produkte aus Fairem Handel, welcher vor allem darauf abzielt, die Lebens- und Arbeitsbedingungen der Produzentinnen und Produzenten zu verbessern, aber auch eine umweltverträgliche Produktion unterstützt.

- Vergeben wird das Siegel von nationalen Siegelorganisationen (in Deutschland der TransFair e.V.), die Mitglied des Fairtrade Labelling Organizations International (FLO) e.V. sind.

# World Fair Trade Organization (WFTO)

- Das Zeichen wird von der WFTO vergeben und bestätigt die Einhaltung des WFTO Fair Trade Standards und damit die Einhaltung der zehn Prinzipien des Fairen Handels.

- Die WFTO ist ein internationaler Zusammenschluss von rund 400 Produzenten-, Import- und Handelsorganisationen des Fairen Handels.

- Organisationen, die das dreistufige Kontrollsystem einschließlich einer Betriebsprüfung durch die WFTO durchlaufen haben, erhalten den Status eines „WFTO Guaranteed member" und dürfen ihre Produkte mit dem Zeichen versehen.

## Forest Stewardship Council (FSC)

- FSC steht für Produkte aus Holz, Holzfasern und Papier.
- Die Siegel stehen für eine Waldbewirtschaftung nach anspruchsvollen ökologischen und sozialen Kriterien.
- Nur zertifizierte Unternehmen dürfen ihre Endprodukte aus FSC-Materialien mit dem Siegel versehen.

## Zertifikat für Hotels: Greensign

- Etabliertes Nachhaltigkeitszertifikat mit integriertem Managementsystem
- Es ist praxisnah und wurde speziell für die Hotelindustrie entwickelt
- Es wird vom InfraCert - Institut für Nachhaltige Entwicklung in der Hotellerie verliehen

## Fazit:

Nachhaltig denken, umweltbewusst leben – Politiker und Institutionen appellieren an die Menschen, über ihren Konsum nachzudenken und auf Ressourcen zu achten. Was beinhalten die Bedingungen?
Nachhaltigkeit und Umweltschutz werden oft in einem Atemzug genannt. Tatsächlich sind beide Schlüsselwörter verwandt. Der Begriff nachhaltig ist ein bewusstes Handeln, um sich der Konsequenzen des eigenen Handelns bewusst zu werden. Dies gilt sowohl für ökologische als auch für soziale und ökonomische Aspekte.
Die drei Dimensionen, auch bekannt als die drei Säulen der Nachhaltigkeit, sind: Umwelt, Gesellschaft und Wirtschaft.
Alle nachhaltigen Prozesse sind miteinander verknüpft und interagieren miteinander. Umweltschutz ist wichtig für ein nachhaltiges Leben – aber umweltbewusstes Handeln allein reicht nicht aus. Wirtschaftliche Zufriedenheit und eine soziale Gesellschaft sind ebenfalls wichtig. Die Menschen müssen sich in jeder Hinsicht so verhalten, dass sie die Umwelt für zukünftige Generationen und alle Menschen auf der Welt schützt.
Ein gutes Leben geht nur in einer intakten Umwelt: sauberes Wasser, ein gesunder Wald, saubere Luft, Vielfalt an Flora und Fauna – all

das gehört dazu. Eine friedliche Gesellschaft ohne Konflikte und Kriege, Mitbestimmungsrechte, gute Arbeitsbedingungen sind auch Teil eines Umfelds, in dem Menschen gerne leben. Ein Blick in die aktuellen Nachrichten zeigt, dass dies nicht überall der Fall ist. In einer globalen Welt ist das gefährlich: Klimawandel, Meeresverschmutzung, Artensterben, Hungersnöte, Flüchtlingsströme sind globale Probleme. Immer mehr Menschen haben das verstanden und reagieren darauf mit einer umweltbewussten und nachhaltigen Lebensweise. Dies gilt für Unternehmen und Institutionen ebenso wie für Privatpersonen.

# V. Fünfte Etappe: Optimierung

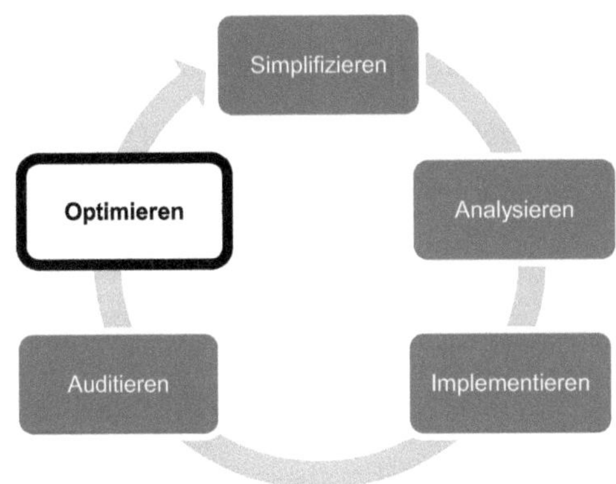


Nachdem Sie die Etappen der Simplifizierung, Analyse, Implementierung und Auditierung durchlaufen haben, konzentriert sich die nächste Phase auf die Optimierung und die Umsetzung von Verbesserungsvorschlägen, die von Mitarbeitern, Führungskräften und Kunden kommen. Dieser Prozess ist entscheidend, um sicherzustellen, dass die initialen Verbesserungen weiter verfeinert und auf die aktuellen Betriebsbedürfnisse abgestimmt werden. Hier sind die Schritte, die Sie zur Durchführung dieser Optimierung befolgen können:

## 1. Sammeln und Priorisieren von Vorschlägen:

- Vorschläge sammeln: Nutzen Sie Kanäle wie Vorschlagsboxen, regelmäßige Meetings, Workshops, Feedback-Umfragen oder spezielle Kaizen-Events, um Ideen und Verbesserungsvorschläge von Mitarbeitern, Führungskräften und Kunden zu sammeln.

- Kategorisieren und Priorisieren: Ordnen Sie die Vorschläge nach Kategorien (z.B. Kostenreduktion, Prozessverbesserung, Qualität) und priorisieren Sie diese nach ihrem potenziellen Nutzen, Umsetzbarkeit und Dringlichkeit.

## 2. Bewertung der Vorschläge:

- Kosten-Nutzen-Analyse: Analysieren Sie die potenziellen Vorteile und Kosten der vorgeschlagenen Verbesserungen. Beziehen Sie dabei Ressourcen, Zeitaufwand und potenzielle Risiken mit ein.

- Machbarkeitsstudie: Prüfen Sie, ob die Vorschläge technisch, organisatorisch und zeitlich umsetzbar sind.

- Alignment mit Unternehmenszielen: Stellen Sie sicher, dass die Vorschläge im Einklang mit den strategischen Zielen und den aktuellen Bedürfnissen des Unternehmens stehen.

## 3. Planung der Umsetzung:

- Umsetzungsplan entwickeln: Erstellen Sie einen detaillierten Plan zur Implementierung der ausgewählten Vorschläge. Legen Sie klare Ziele, Zeitrahmen, Ressourcen und Verantwortlichkeiten fest.

- Kommunikation und Schulung: Informieren Sie alle betroffenen Mitarbeiter über die geplanten Änderungen und bieten Sie gegebenenfalls Schulungen an, um sicherzustellen, dass die Umsetzung reibungslos verläuft.

## 4. Umsetzung der Vorschläge:

- Schrittweise Implementierung: Setzen Sie die Vorschläge schrittweise um, um den Überblick zu behalten und rechtzeitig auf mögliche Probleme reagieren zu können.

- Monitoring und Feedback: Überwachen Sie den Fortschritt und sammeln Sie kontinuierlich Feedback, um sicherzustellen, dass die Umsetzung wie geplant verläuft.

## 5. Kontinuierliche Verbesserung (Kaizen-Zyklus):

- Plan-Do-Check-Act (PDCA): Nutzen Sie den PDCA-Zyklus, um die Implementierung zu steuern. Planen Sie die Verbesserungen (Plan), setzen Sie sie um (Do), überprüfen Sie die Ergebnisse (Check) und passen Sie bei Bedarf nach (Act).

- Iterative Optimierung: Nehmen Sie auf Basis der gewonnenen Erfahrungen und neuen Erkenntnisse weitere Optimierungen vor. Dieser Prozess sollte zyklisch und fortlaufend sein.

# 6. Nachverfolgung und Anpassung

- Regelmäßige Überprüfung:
  Überprüfen Sie regelmäßig, ob die umgesetzten Verbesserungen die gewünschten Ergebnisse erzielen und ob sie weiterhin den aktuellen Betriebsanforderungen entsprechen.

- Flexibilität bewahren: Seien Sie bereit, Anpassungen vorzunehmen, falls sich die Betriebsbedingungen oder die Unternehmensziele ändern.

# 7. Dokumentation und Wissenstransfer

- Dokumentation: Halten Sie alle Änderungen, Erfahrungen und Best Practices in einer zentralen Dokumentation fest.

- Wissenstransfer: Stellen Sie sicher, dass das erworbene Wissen im Unternehmen verbreitet wird, um eine nachhaltige Verbesserungs-kultur zu fördern.

**Fazit:**

Die Optimierung nach den ersten Etappen der Prozessverbesserung ist ein kontinuierlicher und dynamischer Prozess, der eine enge Zusammenarbeit und ständige Kommunikation zwischen allen Beteiligten erfordert. Durch die systematische Sammlung, Bewertung und Umsetzung von Verbesserungsvorschlägen sowie die kontinuierliche Überprüfung und Anpassung können Sie sicherstellen, dass die Prozesse im Unternehmen ständig weiterentwickelt und an die aktuellen Bedürfnisse angepasst werden.

# Schlussfolgerung und Empfehlung

Der strukturierte Ansatz zur Prozessoptimierung unter Anwendung der Kaizen-Methode zeigt, dass kontinuierliche Verbesserung in einem Unternehmen nur durch konsequente und methodische Schritte möglich ist. Beginnend mit der Simplifizierung und Analyse über die Implementierung und Auditierung bis hin zur abschließenden Optimierung, wird ein umfassender Zyklus durchlaufen, der sicherstellt, dass Verbesserungen nachhaltig und effektiv in den Arbeitsabläufen verankert werden.

Kaizen als Methode zur kontinuierlichen Verbesserung bietet Unternehmen eine robuste Grundlage, um ineffiziente Prozesse zu identifizieren und durch zielgerichtete Maßnahmen zu optimieren. Die klar strukturierten Etappen stellen sicher, dass jede Verbesserung systematisch überprüft und angepasst wird, um den spezifischen Bedürfnissen des Unternehmens gerecht zu werden. Der Einbezug von Mitarbeitern, Führungskräften und Kunden in den Optimierungsprozess fördert nicht nur die Akzeptanz, sondern auch die Kreativität und das

Engagement, was entscheidend für den Erfolg von Kaizen ist.

Um den vollen Nutzen aus der Kaizen-Methode zu ziehen, sollten Unternehmen:

1. Kontinuierliche Schulungen durchführen und Einbindung der Mitarbeiter: Mitarbeiter regelmäßig in Kaizen-Methoden schulen und aktiv in den Verbesserungsprozess einbeziehen, um eine breite Beteiligung und das Entwickeln von Verbesserungsvorschlägen zu fördern.

2. Regelmäßige Audits und Feedback-Schleifen: Nach jeder Implementierungsphase Audits durchführen und Feedback von allen Beteiligten einholen, um sicherzustellen, dass die Verbesserungen effektiv und nachhaltig sind.

3. Nutzung des PDCA-Zyklus: Den PDCA-Zyklus als zentrales Instrument in der Optimierungs-phase nutzen, um einen strukturierten und iterativen Ansatz für kontinuierliche Verbesserungen zu gewährleisten.

4. Flexibilität in der Umsetzung: Bei der Umsetzung von Vorschlägen flexibel bleiben, um auf neue Herausforderungen und Marktveränderungen reagieren zu können.

5. Dokumentation und Wissenstransfer: Alle durchgeführten Maßnahmen und gewonnenen Erkenntnisse dokumentieren und den Wissenstransfer im Unternehmen sicherstellen, um eine langfristige Verbesserungskultur zu etablieren.

Durch die konsequente Umsetzung dieser Empfehlungen können Unternehmen die Kaizen-Methodik effektiv nutzen, um ihre Prozesse ständig zu verbessern und sich im Wettbewerbsumfeld erfolgreich zu behaupten.

# Der Autor Frank Höchsmann

Frank Höchsmann ist ein herausragender Autor mit einem beeindruckenden Hintergrund im Bereich Betriebswirtschaft und Qualitätsmanagement. Als Diplom-Betriebswirt, Qualitätsauditor und Nachhaltigkeitsmanager verfügt er über eine umfassende Ausbildung und Fachkenntnisse. Seine langjährige internationale Erfahrung als Qualitätsbeauftragter, Manager und Auditor ermöglicht es ihm, einen globalen Blick auf die Themen, über die er schreibt, zu werfen.

Während seiner beruflichen Laufbahn hat Herr Höchsmann für verschiedene internationale Unternehmen und Organisationen gearbeitet, was seine Expertise in einem breiten Spektrum von Geschäftsbereichen unterstreicht.

Als Trainer hat er einen bedeutenden Beitrag geleistet, indem er mehr als 12.000 Fach- und Führungskräfte geschult hat. Diese Erfahrung gibt seinen Fachbüchern eine praxisnahe Perspektive und ermöglicht es ihm, komplexe Konzepte verständlich zu vermitteln.

Die Schwerpunkte von Frank Höchsmann liegen insbesondere im Qualitäts- und Nachhaltigkeits-management sowie im internationalen Projekt-management. Durch seine Publikationen, von denen es über 30 Fachbücher gibt, teilt er sein Fachwissen und seine praxiserprobten Strategien, um Organisationen und Fachleuten dabei zu helfen, in diesen entscheidenden Geschäftsbereichen erfolgreich zu sein.

Seine Arbeit spiegelt nicht nur eine tiefe Kenntnis der Materie wider, sondern auch einen klaren Fokus auf die Anwendung von effektiven Methoden zur Verbesserung der Unternehmens-leistung und Nachhaltigkeit.

# Seminare, Webinare, Online-Kurse

## Workshops für Fachkräfte

- o Erfolgreiche Gästekommunikation
- o Housekeeping und Hausreinigung
- o Hygieneschulung nach HACCP
- o Verkauf und Zusatzverkauf
- o Reklamationen und Gästebeschwerden
- o Servicequalität aus Sicht des Gastes

## Workshops für Führungskräfte:

- o Business HoGa Coach
- o Datenschutz nach EU-DSGVO
- o Effiziente Führungstechniken
- o HoGa Kaizen in 5 Schritten
- o HoRes Marketing
- o Housekeeping Management
- o Konfliktmanagement
- o Nachhaltige Qualitätsstandards
- o Qualitätsmanagement ISO 9001
- o Reklamationsmanagement
- o Verkaufsmanagement

# Veröffentlichte Fachbücher

- Effizientes Marketingkonzept (Deutsch, Englisch, Spanisch, Portugiesisch)
- Housekeeping Management (Deutsch, Englisch, Spanisch, Portugiesisch, Russisch, Chinesisch)
- Hygienemanagement, (Deutsch, Englisch, Spanisch, Portugiesisch)
- Maître d'hotel (Spanisch, Deutsch)
- Personalmanagement für Hotels und Gaststätten (Deutsch, Englisch, Spanisch)
- Qualitätsstandards für Hotels (Deutsch, Spanisch)
- Qualitätsstandards im Restaurant, (Deutsch, Spanisch)
- Servicequalität (Deutsch, Englisch, Spanisch)
- Nachhaltige und umweltfreundliche Qualitätsstandards für Hotels und Restaurants

Frank Höchsmann
Hygienemanagement in Küche und Service
HACCP leicht gemacht
Ihr Erfolg ist unser Ziel

Frank Höchsmann
Nachhaltige und umweltfreundliche Qualitätsstandards für Hotels und Restaurants
Erster Teil: Qualitätsmanagement für die Betriebsleitung
Nachhaltig in die Zukunft

Frank Höchsmann
Housekeeping Management
Erfolgreich im Hausdamen- und Cleaning- Bereich

Frank Höchsmann
Nachhaltige und umweltfreundliche Qualitätsstandards für Hotels und Restaurants
Zweiter Teil: Qualitätsmanagement für den Hotelbereich
RECEPTION
Nachhaltig in die Zukunft

Frank Höchsmann
Qualitätsstandards Hotel
Optimierung der Abläufe, Prozesse und Stellenbeschreibungen in Hotels
HOTEL
HOTEL
Erfolg ist unser Ziel

Frank Höchsmann
Nachhaltige und umweltfreundliche Qualitätsstandards für Hotels und Restaurants
Dritter Teil: Qualitätsmanagement für die Restaurantleitung
Nachhaltig in die Zukunft

# QUALITÄTSTEST

Die Qualitätstests können die Betriebe selbst mit Hilfe der HOTQUA Online-Tests (gratis) durchführen oder durch HOTQUA Prüfer im Rahmen eines anonymen Tests (Mystery Test).

Nutzen der Qualitätschecks:
- Objektive Erfassung der Servicequalität
- Systematische Auswertung in Text und Bild
- Erkennen von Schwachstellen
- Detaillierte Empfehlungen im Testbericht

Hier die Liste der Online-Tests, die Ihnen unter www.hotqua.de/online-tests zur Verfügung stehen:

- Geschäftsleitungs-Check
- Arbeitssicherheits-Check
- Hotel-, Zimmer-, Badezimmer-Check
- Hygiene-Check-Personal
- Hygiene-Check-Lebensmittel
- Hygiene-Check-Küche
- HACCP-Temperaturliste
- Marketing-Konzept-Test
- Datenschutz Fragebogen
- Mitarbeiterzufriedenheit
- Motivationsmessung
- Schulungsteilnehmer
- Nachhaltigkeits-Check

# Zu aller guter Letzt eine Bitte:

Liebe Qualitätsinteressenten,

falls Sie Anregungen, Kritik oder einen Vorschlag haben, können Sie diesen Zettel ausfüllen und an unsere Qualitätsbeauftragte weiterreichen. Ihre Anregungen, Vorschläge und/oder Kritiken werden dankbar ausgewertet und registriert.
Falls gegeben und erwünscht, wird Ihr Vorschlag in der nächsten Ausgabe berücksichtigt.

Vielen Dank,                    Frank Höchsmann

Mir ist aufgefallen, dass....

_______________________________________

_______________________________________

_______________________________________

Bitte an Martha Cecilia Höchsmann Lozano senden: m.hoechsmann@hotqua.de